中国式人情世故

李飞◎著

中国友谊出版公司

图书在版编目（CIP）数据

中国式人情世故 / 李飞著 . — 北京 ：中国友谊出
版公司，2024.8

ISBN 978–7–5057–5854–4

Ⅰ．①中… Ⅱ．①李… Ⅲ．①人际关系学－中国－通
俗读物 Ⅳ．① C912.11–49

中国国家版本馆 CIP 数据核字 (2024) 第 093113 号

书名	中国式人情世故
作者	李　飞
出版	中国友谊出版公司
发行	中国友谊出版公司
经销	新华书店
印刷	香河县宏润印刷有限公司
规格	787 毫米 ×1092 毫米　16 开 12 印张　70 千字
版次	2024 年 8 月第 1 版
印次	2024 年 8 月第 1 次印刷
书号	ISBN 978–7–5057–5854–4
定价	49．80 元
地址	北京市朝阳区西坝河南里 17 号楼
邮编	100028
电话	（010）64678009

人际交往从来不是简单的交流，它涉及各种复杂的规则与礼仪，看上去更像是一场纵横交错的对弈。

如何才能在这场对弈中做到玲珑剔透、运筹帷幄？如何准确理解和游刃有余地处理好各种人际关系的难题？古人其实早已经给出了答案——世事洞明，而且人情练达。

"世事洞明皆学问，人情练达即文章"，这句话源自社会背景和人际关系极其复杂的《红楼梦》。曹雪芹先生在书中指点我们：

做人做事，需要明白这个世界的底层逻辑与客观规律，这些都是安身立命的大学问；如果能够将人情世故圆润得恰到好处，懂得其中的内在含义与非常礼仪，就可以把人生挥写成一篇锦绣文章。

然而，世事洞明，非大智慧不可行；人情练达，恐怕也需要我们时时留意、处处留心。

在这里，有三个关键词我们必须在生活中把它们领悟，即：世、事、人。

世，即入世、处世的道理，你以什么样的姿态入世，拿出什么样的修养处世，它决定的你能够在这个世界上走多远。

事，即做事、办事的分寸，这其中，每一种尺度的拿捏，能不能恰到好处，都会决定你能不能把事情做得周到圆满。

人，即做人、对人的礼仪与规矩，懂规矩、晓礼仪，玲珑于人情世故，有人之常情的觉悟，那么何愁不宾来朋聚，如鱼得水，如虎添翼。

然而这世间的道理，皆是说起来容易，做起来难。探不清真相，抓不住规则，贸然上手便做，自以为遵循着道与理，结果事情做了一大堆，还不明白自己身在何处、该做的事是什么。

显然，这是需要我们一直探讨的学问，也是一个需要逐步完善的、值得一辈子进修的课程。做一个仁和友善、心胸豁达，明白人情世故，又能知晓人情利害的人，不说如何做得风生水起，起码可以让我们在社会上少犯一些不应该的错误。

本书以精练的笔触，从生活出发，以实际为准，深入剖析了人情及世故的独特内涵，点出了其中蕴含的智慧与策略。其内容涵盖了职场、商业、家庭、社交等多个领域，可以让您在不同情境下找到方法，从容应对。

为了使读者能够将理论应用于实践，本书将看似复杂的人情世故化繁为简，通过图解的方式，让您一目了然。

在语言风格上，我们力求简洁明了，用朴实的文字阐述深刻的人情道理。同时，注重语气的把握，用词准确规范，表达清晰易懂。我们相信，只有贴近生活的语言，才能更好地传达人情的智慧，让每个读者都能从中受益。

Contents

目　录

Chapter 1 | 读懂规矩，
对错的关键是得体 | 第
1
章

与朋友保持距离，相处起来才舒服

距离产生美

人与人之间的相处就像冬天在一起避寒的豪猪一样：离得太近，会刺伤彼此；可是离得太远，又无法相互取暖；所以再好的关系也要保持适当的距离。

所以问题来了，我们应该如何把握这个不远不近的距离呢？

和寻常人保持礼貌的距离

有些人萍水相逢，有些人一年之中见一两次，对这些人即便印象不错，说话做事也要尽量矜持，不要失了分寸，也不要太过推诚。这也是一个安全的人际距离。

与朋友之间，保持"一碗汤"的距离

什么是一碗汤的距离？朋友有需要的时候能够给他送上一碗热汤，这碗汤不能太热，以免烫到他们，也不能太凉，以免寒了朋友的心。

有些人觉得和朋友关系特别好，就想独占鳌头，或者提各种要求，如果要求满足不了，就满怀怨念。

这种没有界限感的朋友，与他相处起来会让人感觉特别累。

伴侣之间，要有空间

不管是恋人还是夫妻，关系应该很亲密，但这并不意味着，你就是我，我就是你，亲密无间、形影不离。

再相爱的两个人也是相对独立的两个个体，太如影随行，会让人窒息。

0.5m

因为爱你
离你半米.

伴侣之间，你有你的想法，他有他的兴趣，你可以有你的小隐私，他也可以有他的小秘密。抓太紧，会窒息；想统一，会逃离。

再好的朋友，开玩笑也不能戳痛点

相比较庄重严肃的人，人们更喜欢有趣的灵魂。

但，开玩笑也要有个分寸。

你应做到心中明晰，开玩笑的目的，是使别人心中欢喜，同时亦可娱乐自己。一旦过了这个分寸，好友也会成为仇敌。

不合适的场合，不要乱刷存在感

每个人都希望引起别人的注意，开玩笑确实可以实现这个目的。但任何一个玩笑，都要注意对象和场合。

比如：在别人的婚礼上，你拿对方以往失恋的经历开玩笑，你说，这合适吗？

别把别人的缺点拿过来当笑点

你的同事过早谢顶，但的确聪明绝顶，人家做出了好业绩，你跑过去恭喜，你说：

你以为只是一个玩笑无伤大雅，殊不知你自以为的笑点正是对方心里的伤疤，你一笑而过，却伤害了他，也得罪了他。

不要拿别人的隐私当笑谈

隐私有两个特点：一、不愿为外人知；二、多半是尴尬事。

所以对于隐私，明知也要装作不知，倘若你还当作笑谈传播，实在是太不懂事了。

一个浅薄轻浮、随意拿别人隐私夸夸其谈的人，当事人不喜欢他，旁观者也不会喜欢他，因为所有人都会担心惹火烧身，成为他的"受害者"。

而这样的人，也极容易惹祸上身。

不注意面子问题，就是不懂规矩

　　绝大多数中国人爱面子：有了面子，皆大欢喜；丢了面子，视同仇敌。

　　为了保住面子，人们小则恶语相向，不欢而散，大则反目成仇，关系破裂。

　　所以不管你是什么身份，如果不注意照顾别人的面子，一定不会受人欢迎。

　　如果你为了维护自己的面子，就去毁损别人的面子，总有一天你会吃暗亏的。

　　所以：

不要哪壶不开提哪壶

你的同事因为身材问题再次相亲失败，下定决心减掉多余脂肪，然而效果一直不佳，心中无比苦闷，结果你却说：

也许这只是无心之言，或者对方此前对类似的玩笑已经习以为常，从未发作过。但现在不一样了，之前别人不在意的缺点，可能在不知不觉间已经成了对方的痛脚。

所以这场互相伤害来得既猝不及防，又顺理成章。

必要的指正，要顾及场合

你的下属出现工作错误，你当着全部门的人批评他：

犯错的人本来心中就忐忑、难过，你又口不择言当众批评，对方不翻脸才怪呢？

你要面子，人家何尝不需要面子？

所以说必要的指正也一定要顾及场合，这里着重标注两点：

第一，不要当众批评；

第二，不要在他喜欢的人面前批评他。

设法维护别人的面子

有时候一件注定不圆满的事情我们又无法回避，这时候就要设法使自己的说法婉转一点，设身处地，把别人的面子当成自己的面子来维护。

既把该说的话说清楚，又不触碰任何人的痛处，他面子上过得去，你也不失为一桩善举。

如果生活中你总是得罪人，就要考虑考虑自己说话是不是太直接了，话说得太直接，往往好心也会办坏事。

不知不觉中，你已经犯了这些忌讳

女孩子很有礼貌地问个路，为什么会挨骂？

因为在嘉定人听来，"老先生"是个带有侮辱和诅咒性质的词汇。

很多人都有自己的忌讳，所以在人际交往中，其实有许多内容都不适合拿来讨论，也有许多细节必须要注意。

这就是禁忌。

生理忌讳

生理上有缺陷的人，一般都会对自己的缺陷非常敏感，与他们接触时，行为举止、言语措辞尤应注意。也就是"当着矬人不能说矮话"。

哪怕你只是无心之失，对方也势必误以为你在嘲笑他，这仇就结大了。

当然，生理缺陷极易发现，只要你注意观察，说话过心就可以了。

心理忌讳

一句寻常、普通的祝词，为什么会导致新娘勃然大怒？

真相可能是——新娘因为某种疾病，无法再做妈妈了，这是她心中永远的痛。

这种翻脸就有点，防不胜防了。

所以与一个人进行必要交际时，一定要多搜集讯息，对对方有个尽量透彻的了解，这不是教你打探别人隐私，但必要的时候，还是不妨深入了解一下。

忌讳视情况而定

不同身份、不同年龄、不同经历、不同性别、不同工作、不同地域、不同文化、不同信仰等等，不同情况的人，会有自己特定的忌讳。

会不会说话，你可长点心吧！

忌讳因人而异，所以务必让自己的心思敏感一点，尽量考虑周全些。比如：

在老者面前，莫谈生死哲学；在辍学或落榜的同学面前，别谈校园生活；在失恋的朋友面前，别提感情问题；在穷朋友面前，别聊享乐、消费；等等。

凡此种种，皆指向一个原则——三思而后行，给人以足够多的尊重。

你可以很优秀，但不要抢风头

　　人性中的基本需求让我们迫切希望自己成为人群中的焦点，不管自己走到那里，都想被别人认出来。

　　其潜台词不过是——你们看我多棒，我就是最棒的！

　　这种表现欲常会使演讲人忘乎所以，很难发现台底的观众已经不厌其烦，皱紧了眉头。

　　这种反应其实非常容易理解——风头就那么一点，都被你抢走了，其他人心里会舒服吗？所以在自我展现的时候，切记不要忽略身边人的感受。

自顾自说，很烦人的

有的人，人越多越能说，眉飞色舞、没完没了、滔滔不绝，别人刚想说两句，他要么抢话、要么插话，总之就是不给别人表现的机会。

这样的人，你能说他是口才好吗？

注意！人际沟通，着重的是沟通，若全程你都要争做主角，一定无法让人产生共鸣。

道理很简单：如果你不给别人说话的机会，谁还愿意和你说话呢？

众星捧月，想得真美

有的人，特别喜欢那种众星捧月的感觉，即便别人不想把他当月亮，他也要强行将自己制造成"白玉盘"。

这种情形在聚会场合较为常见。

旁若无人，不管在什么场合、什么情形下都把自己当成 C 位主角，强行以主持人的气势占据风头，甚至忽视长辈或位高者，

这种人只能说，脑子里只剩表现欲了。

Chapter 2

找到盲点，
为什么你会没朋友

第
2
章

因为不愿共情，所以不能相容

你很好，他也很好，可是你们不适合。

得不到对方的认可，不是你不够优秀，也不一定是彼此性格反差太大，很有可能是你的共情力太差。

什么是共情力？就是你能不能换位思考、从别人情感角度出发看待问题的能力。

也就是说，你能不能做到不责于人，反求诸己。

如果你总是指责别人没能令你满意，你已经把自己当成了上帝。

如果你不能体会并且回应别人的喜怒哀乐，别人就不会让你在他的心里存活。

自我感动式的付出

你一直从自己的情感角度出发，总是在计较我给了对方什么，他应该回馈我什么，而没有认真去思考，对方真正需要的是什么。

这就好像，别人是素食主义，你却花大价钱送鲍鱼，他不开心，你还委屈。

让别人为自己的情绪负责

事实上，你是在要求别人为你的喜怒哀乐负责。

你的朋友、亲人、爱人，甚至是孩子，不是你情绪或痛苦的制造者，他们没有义务遵循你的意愿，不能也无须为你的喜怒哀乐负责。

对别人期待太多

你的失望来自于你的奢望，没有人能够永远满足你的期待，也无须满足你的期待，一切期待都注定伴随期待落空的失落，以及期待落空后带来的咒怨和暴露试图改造对方的企图。

现在你明白了吗？你们不相容，是因为你把自己看得太重了。

水至清没有鱼，人太挑剔没人理

如果对事物的观察太敏锐，看问题的视角太尖锐，对人太苛刻，就会觉得别人浑身上下都是毛病，简直让人无法忍受。

与此同时，别人也会觉得你吹毛求疵，过分挑剔，忍不了你，大家只好一拍两散。

所以说，为人应有雅量，要知晓忍让，能够接纳自己看不惯的人和事，这就是"人至察则无徒"的实质。

不要用自己的标准去衡量别人

　　有人喜雅，有人爱俗，有人喜欢安静，有人偏好热闹，每个人都有自己的做人标准和行为喜好，雅俗共赏才是包容。

　　而不要这是我喜欢的，所以你必须这样做。

应该允许别人有缺点

每个人都会有自己的缺点，十全十美的只是臆想。

朋友之间应该相互体谅，共同成长，而不是站在上帝视角随意批评。

如果你说话不温柔，就被别人说不淑女，你会骂人吗？

事实上，只有无能的人，才会总挑别人的错。真正厉害的人，看谁都是顺眼的。

付出用错了方式，也会令人发指

并不是所有的付出都会让人受用，付出如果用错了方式，同样令人反感。

如果你的付出和所期望的结果，它不是一个合理的逻辑关系，那么当你执着于这种结果时，对于彼此的关系就是一种极深的伤害。

我们权且将其称为：付出的陷阱。

我对你好，你就应该对我好

你没有考虑对方需要什么，而是用付出制造感动，目的是让对方喜欢自己。而且还认为：

我这样对他们，他们不应该同样对我吗？

如果这个逻辑成立的话，那么有一个人疯狂追求你，对你百般好，你是不是就一定要嫁给那个人？

如果你的付出恰好戳中了别人的厌恶点，或者得不到别人的理解，高明的做法应该是停止付出，而不是把自己的付出当作别人必须给予回报的理由。

都是为了你，我才会这样

"我是为了你，才……"它的本质是一种强迫式付出，目的是用付出绑架对方的情感，迫使对方心生愧疚，以达到维系感情的目的。其本质是一种控制。

你可能的确为对方付出很多，但这种方式一点不讨喜，你试图以付出的方式将对方和自己捆绑在一起，这种付出充满了控制欲。

结果就是，你越付出，他越痛苦。

我在 A 点付出，你就要在 A 点回报

我曾给予你金钱上的资助，你就要在金钱上回报我；我帮你办成过某件事，你就要成为我的马前卒。

凡此种种，都是错误的逻辑。

你的强项，可能正是别人的弱项，要求别人用你擅长的方式回馈你，这是你付出无效的原因之一。

他可以用他擅长或喜欢的方式进行回馈，你应该接受这种差异。

看破非点破，朋友没得做

　　这世上不止你一个聪明人，有些事情人家一眼就看破了，但大家都装瞎作哑，憋着不说。为什么呢？

　　因为说破一定会得罪人。

　　那种感觉，就和你被别人当众揭穿了丑事一样。

你懂，但你不一定要说

有些事在别人心里是个忌讳，别人故意隐瞒，你一眼看穿，你只要说出来，对方就会很难堪。

你想让别人觉得你很聪明？

"三国"故事里有个叫杨修的人也很聪明，但死得很惨。

> 不要担心别人不了解自己，要担心的是自己能不能了解别人。

懂了吧，能把那些秘密藏在心里，这是一个人的深沉与雅量，也是安身立世的高情商。

你了然，但不一定要追问

你的好朋友失恋了，被男友赶出家门，她来找你避难。

你说："怎么回事？被他赶出来了？我早就说他是个渣男，你就是不听我的！"

你们的关系差不多就到头了。你应该说：

心下了然却不追问，是避免在别人的伤口上撒盐，这是一种起码的善良。

你说"为你好"，其实是多管闲事

我也是为你好，我有什么坏心思呢？

甲之蜜糖，乙之砒霜。你觉得是为人家好，人家未必认同，甚至会把它当成一种伤害也说不定。

自己如果理不清界限感与分寸感，你的关心就会成为别人的负担，你说了一堆"为你好"的理由，别人却如芒在背，如鲠在喉。

人与人之间最好的相处方式应该是：你的事归你，我的事归我。

别再"为你好"，这实际是一场包着甜蜜糖衣的道德绑架

你堂而皇之地高调表示"我是为你好"，是不是连自己听着都有一种做好事不求回报的崇高感？

但实际上它的潜台词是：我希望你这样做，我认为你应该这样做，你必须听我的。比如：

你喜欢的东西，并不一定真的好；你不喜欢的东西，也不意味着它就不好。

你可以不喜欢它们，但你无权决定别人应该喜欢什么，你口口声声的"为你好"，实际是在替别人做决定。

对不起，你越界了！

此事与你无关，不要多管闲事

当你想要管闲事的时候，你应该想明白：这件事的结果由谁来承担。
比如：

她只想佛系地做个护士，她是自己行为后果的直接承担人，至于你觉得她应不应该充满进取精神，对她来说，重要吗？

事实上，你没有资格"多管闲事"。

当你能够意识到此事与你无关的时候，你就应该把自己试图"纠正"别人的想法及时遏制住。

Chapter 3

阿其所好，
会一点社交心理学

第
3
章

钓到大鱼的人，都知道鱼儿爱吃什么饵

一说起阿其所好，总有人嗤之以鼻：不就是阿谀奉承吗？

格局小了。阿其所好还有另一个名字，叫"善解人意"，那就是在不伤害自己的前提下，持着善意的动机，去满足别人自己可以做到的那部分赞美。

姜子牙之所以能用直钩钓到周文王这条大鱼，是因为他知道，周文王此时最想做的是什么事，最需要的是什么样的人。

他能够满足周文王这两点需求，所以别说用直钩，他就是用烧火棍，钓到大鱼也不是问题。

洞察，找到对方的内心需求

结交朋友，其实和追女孩子一样——

所以这里就出现了一项高阶技能——洞察力。

打听、试探、观察，找到对方的心理需求，不一定非要委屈自己，但应尽可能去满足对方，从而获得自我意图的满足。

反馈，先认可别人，再获得别人认可

如果你总是弄不懂别人想要什么，或者懂了也不愿意去满足自己可以做到的那部分，关系大概就会出现问题。

正确的反馈很重要。自以为是在这里会成为障碍，别人心里有想法、有念头、有心心念念的小渴望，你洞察到了，可不可以投其所好？

而不是，你觉得这样更好。

培养自己吸引人的特质，是最好的投其所好

人们对于优秀的人自带好感，这种多少带点盲目的喜好似乎无处说理。比如：

优秀是这样一种潜意词：我自己就是一种价值，可以满足你的多种喜好、需求与愿望，我们做朋友，好吗？

好的！

姜子牙所使用的，其实就是这种方式。

以独特的品位示人，对方印象才深刻

> 没有什么人是一顿饭结交不了的，如果有，就两顿。

这种说法，并不完全正确。

民以食为天，客来客往，吃吃喝喝，的确是人之常情。

然而即便是请客这种单向付出的事情，仍存在它固有的学问。

请客请不好，最轻的结果也是——钱花了，笑陪了，效果却没有达到。

不够重视，过于随意

你有一位潜在客户来到重庆，你着实费了一番力气才在众多潜在对手中争到宴请的机会。

结果你说：

林总，既然来到重庆，一定要尝尝我们重庆的火锅。

这几天吃火锅，已经吃到想吐了……

　　事后，你满心期待地打去电话，准备再谈一谈合作事宜："林总，我是小王，还记得我吗？上次您来重庆，我们还一起吃过火锅，关于上次谈过的合作构想，您觉得怎么样？"

　　林总嘴上应和着："还不错，我们还需要再考虑考虑。"

　　心里却一直在回想：哪个小王？哪顿火锅？我上次去重庆，他们一直在请我吃火锅啊！

　　画个重点，认真记一下：请别人吃他没吃过的、独具特色的东西，对方的印象才深刻。

　　当然，起码的独特的品位是要有的，炸臭豆腐是万万不行的。

你不忌口，也要考虑别人是否忌口

如果你实在想不出、找不到对方没有吃过，或者颇具特色的食品，那么如果某家餐厅大众常见菜品做得特别好，也是一个不错的选择。

但是，事先一定要问清楚，对方有什么东西不吃，对什么东西忌口，不要自作主张自以为是。

请人吃饭的时候，必须考虑受请对象的饮食习惯和口味，如果情况不明，就尽量不要点刺激性食品。

既然已经请了，就别太计较性价比

有人在点菜的时候喜欢反复强调菜价，口中还念念有词：

当然，节俭是传统美德，是好事，可受请人会怎么想呢？

情商低，无疑了！

一个饭局，只能有一个中心

什么意思呢?

你请人吃饭，最好不要同时邀请两位主宾。

否则，谁坐主位，谁作陪? 你想得罪谁?

你请朋友吃饭，最好不要把有矛盾的人叫到一起，不愉快事小，掀桌子怎么办?

嘿！巧了，咱俩的兴趣竟然是一样的

这个故事到此为止，没有后续，无法反转。

人与人之间的相处，合拍很重要，所谓"道不同不相为谋"，聊天聊不到一起去，做事又总是有分歧，不是冷场就是争辩，让人感觉特别累。

所以你真心想要结交一个人，或者诚意要维持一段关系，那么不可避免就要委屈自己一下，尽量和对方保持同频，用心理学的说法就是——求同存异。

说得更直接一点，你要表现出和对方的兴趣是一样的。

猝不及防的情况

譬如说你去见客户，初步交流表现不错，前期沟通还算顺利，闲谈的时候客户突然问了一句：

这种情形下，客户的潜台词可能是：改天我们一起打场篮球吧！

你可能不喜欢篮球，你甚至连运球三米都是问题，但是如果你想把友好的氛围维持下去的话，就不能直言不讳："我从不看篮球赛，我喜欢的是足球。"

这种低情商的坦诚，你让客户怎样接话？

解局的方法

你当然不能骗客户说，你很喜欢篮球，只要有时间，几乎每场比赛都会看，闲来无事就去打一场，这太容易露馅了。

你应该快速反应一下，然后对他说：

是的，我对你的兴趣原本没有兴趣，但我可以假装对你的兴趣很感兴趣。

你认可了客户的喜好，最起码他心中是受用的，他可能会说："巧了，我也很喜欢科比，你对曼巴精神是怎样理解的？中午就在我这边吃饭，咱们好好聊聊吧。"

以请教的姿态聊天，别人就会特别爱说

好为人师是人类的一种天性，没有人可以免俗，只是程度或轻或重罢了。

家里的长辈七姑八姨喜欢对你进行人生指点，这就是好为人师的心理在作祟。

某些厉害的人物喜欢四处做演讲，出书留自传，这也是好为人师的体现。

如果有人向你请教问题，若非机密或私密，你往往会知无不言，因为这种请教能给我们制造一种优越感，轻而易举使我们的虚荣心得到满足。

这是人性中的一个弱点，也是一个可以善意利用的弱点。

你好，这个事情我不懂

只要你不懂，别人就会滔滔不绝。

很多自媒体人经常会在自己的作品当中或结尾，抛出一个请教式的问题，让观览者帮忙解惑。于是评论区很快沸沸扬扬起来，评论量大，平台就会送上更多流量。

这是一种操作手法，叫引流，利用的就是人们喜欢指教别人的本性。

所以你想和某个人深入交流，你大可以先抛出一个问题来请教：这个事情我不懂，你能帮我解答一下吗？

抛出一个"愚蠢"的问题

当你的问题显得有些"愚蠢"时，人们就会兴高采烈地跑来为你解惑。是的，这种冲动简直无法克制。而且本人不知不觉，似乎帮你解答理所当然。

人们更喜欢给你解释清楚，而不是听你头头是道。

"愚蠢"的问题更容易引发人们指教的冲动，而且隐蔽性极高，这是对方潜意识的自主决定，所以他无法戒备。于是，就这么愉快地聊了起来。

当然，你要知道，什么样的问题是"愚蠢"的问题，什么样的问题是真的很愚蠢。如果弄错了，效果会大不一样。

与领导不谋而合，你才有机会成为好员工

人有千面，心有千变，每个领导的想法不一样，风格不一样，对待同一下属的态度自然也就大相径庭。

能不能适应并迎合领导的风格，决定的不光是你的职业前景，还有你的生活。

读懂上司成为好员工

有的上司喜欢员工提前到岗，他认为这是一种积极的态度，即便员工没有迟到，他也会看不顺眼。

有的上司只看效率，有的上司注重品质，诸如此类，不胜枚举。

上司的喜好、态度、原则，未必都是合理的，但是没有办法。

在你还没有成为领导之前，你需要观察、揣摩，确定上司的价值取向，然后通过自我调整去符合上司的要求。读懂上司，你才有机会成为好员工。

懂一点微情绪心理学

　　如果你想了解一个人，比较靠谱的方式就是分析他对待特定事务的态度，知道什么事会让他高兴，什么事会惹他不高兴。

　　然后在他高兴的时候适当表现，不高兴的时候合理退避。

　　需要补充的是，千万不要盲目猜测上司心思，按照自己的思路开足马力揣摩逢迎，会错了意、做错了事、表错了情，后果很严重。

充分领会老板意图

为了充分领会老板的意图，当接受老板的指示或者嘱咐的时候，应该问得尽可能清楚一些。

不要畏惧，应该以探讨式、商量的口吻，把老板的意图真正领悟透彻。不要老板刚刚说了几句，就以为自己完全理解了。

写一份报告、出席一次会议、完成一项任务，老板总会有一定的意图和目的。

首先，应该明白这项工作在整个工作中处于什么地位；其次，应该了解老板处于怎样的需求和心理状态；最后，应该根据老板的一贯作风和思想来加以完整的理解。

Chapter 4 | 低开高走，
姿态放低把事做好 | 第4章

上司是上司，朋友是朋友

如果你的朋友不幸成为你的上司，注意！这里用的是"不幸"这个修饰词，所以，不能高兴得太早。

他升职以后考虑的第一件事很可能是：跟你之间如何公私分明。

也就是说，如何"撇清"你们之间的关系，以免落人口实，说他以权惠私，或是搞小团体云云。

这就是现实，他到了那个位置，就要考虑这样的事情。

如果此时的你仍然没有应该有的觉悟，大大咧咧不懂避嫌，你们之间的关系就危险了！

要更谨慎，要更稳

朋友成为上司，这个运气怎么说呢？等于你天然加入了一个职场小团体，即使非你所愿，也毫无办法。就算你们之间公私分明，清白得很，别人也会忍不住往这方面去想。

所以在你的朋友成为上司以后，尤其是异性朋友，你应自然而然地划分界限，公事场合懂得主动疏远。你可以给他更多的支持和信任，但行为举止一定要更稳妥。

即使他什么都不说，他也会在心里为你的善解人意点赞，你也在职场里给自己留下了更大的余地。

否则，你们之间大概就会出现一种非自愿的互毁局面了。

明白主次

他先是你的上司，还是先是你的朋友？两者并不一样。如果先是上司，那么"朋友"这个关系就只是他所需要的，距离一定要把握好。

公就是公，私就是私

工作时间，上司就是上司，不要把朋友和上司混淆，不要在"公"的场合，做"私"的事情。否则彼此都很尴尬，你也不会得到好脸色。这是情商极低的表现。

当然到了私下里，上司可以切换为朋友，但也要把握尺度和分寸，公事可以谈一点，也不要口不择言，要注意对方的身份。

权威感是必须要给的

处于领导阶层的人物，如何服众是他们首先要考虑的大事要事，这里就涉及了一个维护权威的问题。

如果你总是不拘小节脱口而出：

领导在公众场合是特别注意颜面问题的，这一点一定要拿小本本记住。

尤其是在其他同事和客户面前，务必记住要给足他面子。简单来说就是，做得尊重一点、敬佩一点、服从一点、务实一点，始终记住自己的身份。下属就是下属，不要把自己想象成副手的角色，也不要想着得到副手的待遇。

和老板衣着同款，你们谁是老板

　　你可能真的是崇拜自己的老板，也可能是另有想法，所以你去模仿老板的举动气质，甚至连着装也要与老板趋同。

　　那就是你太不懂人情世故了。

撞衫，尽量避免

　　永远不要忘记自己的身份，你与老板是从属关系。你的确拥有着装自由的权利，当然也可以执着于自由，但撞衫，尽量避免。

自由不是你想做什么就做什么，自由至多是你不喜欢做的事情，可以争取不做。

五指山

　　与老板穿同款衣服，这样很容易引起好事者的议论。

　　如果你的同事再好事一点，甚至还会将你与老板放在一起做对比评论：谁身材、颜值搭配这套服装更有气质，谁穿上龙袍也不像太子等等。

　　反正如果你不尴尬，尴尬的就是老板。

如果你是助理或随从人员，不要与老板风格反差太大

比如说：

事实上，就算客户不会认错谁是上级，看上去也极不协调，极不舒服。职场着装自有不成文的规矩：

如果老板风格朴素，你就不要太过讲究；如果老板西装革履，你就不要太过随意。

着装不要太过突出，无论是色彩，还是款式，任何场合不要与老板抢镜，否则会被视为一种权利侵犯。

有一种好意，叫越俎代庖

糟了！糟了！
老陈的产品品控不过关！
要出大问题了！
陈秘书，你赶快进来一下！

上司不是圣人，难免会做出错误的决定，但不管这个决定错不错误，你要记住，它都是上司的决定。

下属的本职工作应该是——执行。

你可以适当提出自己的建议，甚至遇到开明的上司，还可以据理力争，可是一旦决策最终敲定，你的任务就是执行。

不折不扣地执行。

否则……

什么叫揣摩上意

我们继续上个场景，陈秘书敲门进来，了解到事情的原委以后，阳光般灿烂一笑："张总，没事的，给陈总的合同我还没有寄去，与张总的终止合作通知书我也没有发送。"

张总长松一口气，大叹幸好，突然间话锋一转：

陈秘书有几许小得意："我仔细查询过陈总的公司了，知道您一定会后悔的！"

那么，"这个部门，你做主，还是我做主呢？"一句话将陈秘书问了个哑口无言。

不要去找别人诉苦

明明是好心，却被定性为错事，自以为平白受了委屈。陈秘书跑去找平时关系好像不错的行政部刘总诉苦，希望能够调离市场部，转投行政部——你不讲道理，我不伺候了还不行吗？结果……

假如每一个下属，都可以自作主张，按自以为正确的想法擅自更改命令，公司的执行力还要不要了？

假如自以为受到了不公正待遇，就可以去向别的领导控诉自己的领导，暗度陈仓，那么如果哪一天对公司不满了呢？

所以陈秘书被解雇，看似是公司不近人情，实则是咎由自取。

公司的首要工作是管理

公司作为一个团体，必须要有严肃的管理原则，上到管理层，下到员工，每一个人的责任就是在管理原则的监督下，将自己的工作做得更好。

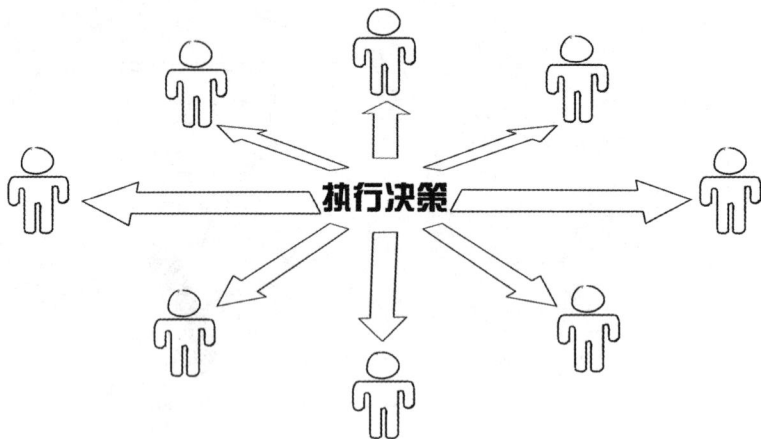

如果每个人都那么有主见和个性，都桀骜不驯，只按照自己认为正确的方式做事，这个团队将会变成什么样子？

没有统一的管理原则，没有上下级观念的束缚，人人随心所欲，毫无疑问，这个公司很快就会垮掉。

把事情做好，并且让别人看到

　　一个人无论曾经多么出色，无论为公司出过多少力，做过多少贡献，从他自我满足、决定躺平、当一天和尚撞一天钟的那一刻开始，他在雇主心里就失去了积极的价值。

　　公司经营的本质是实现价值变现，这一点永远不会变。

　　你在公司中享受什么样的待遇，主要取决于你能够为公司创造多少价值。你所创造的价值越大，你在老板心中的地位就越高，待遇就越好。

　　当你停止创造有效价值，或者价值少得可怜时，一切都会变得消极被动。

要让老板看到进取心

这个世界最有价值的一件事之一就是进取心。

脚踏实地，努力向前

进取心应该是怎样一种状态？主动去做应该做的事情！

如果你没有这种觉悟，那么当雇佣方示意你应该如何去做时，只要不违反律法和原则，马上去做！

怕就怕有人在身后推你时，你才懒懒散散地去做应该做的事情，不求精益求精，只求完成了事。

这种人很多，他们一直都在找工作，还埋怨老板都是可恶的资本家。

让老板看到你的忠诚

在所有的员工品质之中，老板最看重的是忠诚，至于原因，不用解释了吧？

问题的关键在于，如何让老板看到员工的忠诚？简单说几条，你细品：

1. 从上原则，第一要义是服从；

2. 团队出现困难，愿意患难与共；

3. 主动承担责任，记住，要主动；

4. 积极配合，足够尊重。

升职，也要善于总结和汇报成绩

酒香不怕巷子深，非常励志，但不现实。

人才的定义不单单是指精湛的专业技能，专业技能再精湛，也需要一个平台将它展现出来。

不善于展现成绩取悦观众的人，舞台就会变得非常狭窄。

善于总结和汇报成绩，是每个人都应该灵活掌握的职业技能，也是应该懂的人情世故。

先说结果，再讲过程，别忘署名

汇报成绩的时候，开门见山，先把结果说出来，再简明扼要地阐述过程。

否则你的工作报告锦绣文章洋洋洒洒数千言，在收尾的时候才体现结果，没有时间和耐心的领导，还真未必能够看得到。

并且记住，讲成绩时应首先感谢他人，再提自己做了什么。

署名的时候不要娇羞，否则把各级领导、直属主管的名字都加了上去，唯独落下自己，是不是好像就白努力了？

不吃独食，不着急请赏

依仗功劳主动向上请赏，多多少少有点自以为是的味道，各朝各代都有这样的人物，后果都不太好。

以史为鉴，冷静地想一想，你就会明白，自己到底应该怎样做了。

再者，这份成绩你也不能独享，因为一定有很多人给予了你帮助，对你有影响，比如你的主管，你的上层上司、你的诸位同事……

Chapter 5

精准沟通，

你说废话他也爱听

第 5 章

多谈对方擅长的事情，少强调自己

听说哥哥当年
人称"乌兰布统
宋公明"？

都是朋友们开玩笑，
不值一提，
来我给你讲讲……

人常说，好汉不提当年勇，但事实上，人人都喜欢听别人提起自己的"当年勇"，并且在这个过程中，会持续表现出高昂而且亢奋的情绪状态。

原因无他，人生跌跌撞撞，难得有几段值得骄傲的故事，在心神疲惫的时候被人提出来，真的可以让人神清气爽，得意洋洋。

所以你想结交某个朋友，不妨称赞他得意的事情，他对你的好感度瞬间就会被提到一个新的高度。

找准切入点

你喜欢咖啡、白兰地，但你不能用这些东西去钓鱼，因为鱼不受用。

想钓到大鱼，必须下对鱼饵才行。饵下错了，鱼会不搭理你。

所以，如果你想获得高知美女的好感，就聊一聊她曾经作为校花学霸的美好体验；如果你想结交的对象是医务人员，就谈谈他曾经临危不乱起死回生的惊险情境；如果你想获得学者的认可，不妨事先读一读他的某部专著。

大同小异，因人而异，道理明白了，一通百通。

侧面迎合，不露声色

迎合毕竟是迎合，在还是泛泛之交的时候，开门见山长驱直入，一上来就直奔别人的愉悦点，不仅唐突，而且目的性明显，容易弄巧成拙，适得其反。

所以这里存在一个问题：如何找到称赞的突破点？

其实也很容易，比如你去饭馆吃饭，你可以这样问：

这只是生活中的一个常见对话情景对吧？如果你和她不是老乡，看上去毫无切入点。但事实上，并非如此，没有切入点，我们可以创造切入点。

你可以这样继续话题：

　　襄阳人，姓邓，这个猜测是有一定概率的，反正她自己大概也不知道，但这个说法她是一定乐于接受的。对方的身份、姓名、学校、职业等等，都可以使我们联想到一段故事，并成为切入的契机。

接过话题，顺势切入

　　注意，这个地方需要注意！当对方向你说"我当年……""我做某某时……"等话题的时候，他就是渴望找一个倾听者，分享自己得意的当年往事，这个时候你应该停止自己想说的话，颇为感兴趣地去迎合对方的心理需求，这对他来说将是非常美好的情绪体验。

名片一小张，内含大文章

接过名片不称赞，是极不懂事的表现。

对于有些人来说，名片就是他的另一张脸面，他递名片给你的潜台词其实是：快夸我，快夸我，快点夸我呀！

不然，为什么人们总喜欢在名片上印那么多耀眼的，甚至是故意使之耀眼的头衔呢？

一张小小的名片，一个接名片时不经意的小举动，就能让人看清你在人情世故上的涵养，聪明人注重细节，而细节决定人脉。

所以当有人给你递名片时，千万别忘了在"不经意"间夸对方一番。

称赞对方的名字

这是个可能有点老套的方式，但对普罗大众来说，一直没有过时，从来都很受用，而且，你完全可以找到有深意一点的说法。

很显然，这种称赞方式是不对的，"真好看""真好听"这样的话，大概每个女孩耳朵都听到起茧子了吧？

其实每位父母在给孩子起名字时，都会把自己的祝福放在里面，这时候你需要快速发挥自己的联想能力，去找到对方名字中的祝福或美好所在。

就算你找不到、找不准，难道对方的名字里还没有什么积极的含义吗？

比如：

于是两人从李商隐聊到了曹雪芹，从诗词歌赋聊到了柴米油盐……

称赞对方的职务

比如对方是高级经理人：这么年轻的老总真是少见，年轻有为，让我汗颜啊！

比如对方是科研人员：国之重器，你们对我们这个社会的贡献，真不是一般人可比的！

比如对方是教师：不得不说，这是一份十分辛苦，又得不到大众理解的工作，您对事业的选择让人心生敬佩。

凡此种种，最终要靠大家自己发挥想象力了，但有一点需要注意，如果是副职，这个"副"字千万不要过分强调。

称赞对方的机构

比如对方是公务员：优秀，厉害，现在考公多难啊！

比如对方在华为工作：民族企业的骄傲！据我所知，没有真才实学是进不了华为的。

比如对方在海尔工作：行业翘楚，据我所知，海尔招人不仅注重才学，更注重人品！

任何一个单位，其实你都能够找到它的两点，夸赞在用心的人眼里，从来都很简单。

寒暄的话，也要说得有内涵

寒暄看上去像是废话，事实上，很多时候它的确就是废话。

但即使是废话，你也不能不说。

在中国式社交中，寒暄是一种非常重要的日常礼仪。

相识的两个人偶然撞上，或是彼此初次见面，常常一时找不到有意义的话题，但是总不能尴尬地大眼瞪小眼吧？这时我们就需要寒暄。

寒暄没有固定的套用公式，看上去似乎毫无技术性可言，但事实上，要把寒暄做到恰到好处，也需要花一点功夫。

用我的主动，换你的热情

积极主动，大多时候都是一种懂事、懂礼貌的表现，追女孩子时死缠烂打除外。

当然，如果你是上位者，也需要保持必要的庄重和矜持。

除此之外，在与人遇见时，你应该迅速调动自己的愉悦情绪，主动打招呼并展开寒暄，这不单是一种示好与尊重，还能向对方展现你真诚交谈并交往的愿望，同时也体现了你易于合作的性格。

否则，芸芸众生，人家为什么一定要主动搭理你呢？

独自饮酒醉。寡人，

孤家寡人，都是很有个性的人。

要注意姿态和微表情

寒暄是表现自己的亲和力，形成或增进友谊，进而消除尴尬气氛与戒备心理。

所以，这里必须强调一项社交专业技能——微笑。

微笑比紧锁双眉要好看
令别人心情愉快
表示友善
给别人留下良好的印象
令你看起来更自信和魅力
令别人减少忧虑

在社交场合，一定不要忘记经常展露你的微笑。此外，应注意姿态上的端正或优雅，目光坦诚而且真挚。

另外需要注意，彼此还不熟悉，最好不要提出有争议的话题。

赞美需要独特性，你的受众才受用

陈词滥调或者不着边际的赞美只会惹人生厌，赞美的最终目的是让对方高兴。如果对方情商在线的话，赞美也要有新意才行。

否则，别人就会觉得：呵呵，这家伙在敷衍我。

或者：拜托，你奉承的目的太明显了吧！

某文化公司要扩大经营，扩建办公室。这天，王老板正在办公，家具公司的李经理找上门来推销座椅。

不高明的做法：人云亦云地夸

你真棒、你真厉害、你很漂亮，或者对企业家说您真有经商头脑、对讲师说您口才真好、对模特说您身材真是太赞了，这都不是明智的做法。纯属泛泛之谈，会给人造成一种虚与委蛇的敷衍感，在赞美的艺术中不值得提倡。

高明的做法：找到对方内心在意的地方夸

两个人越聊越投机，一笔大生意搞定了。

赞美应该是看得见、摸得着的，比如李经理那句，"这桌子不是海南黄花梨的吗？上等水料哇！"这就是具体，这就夸到了点子上。

它的关键在于：具体、深入、细致、有创意，最好能够挖掘出对方不太显著的、处在萌芽状态的优点，进行针对性夸赞，效果一下子就不一样了。

察言观色，到什么山头唱什么歌

你想讲什么话，先要看清谈话对象。

不看对方身份，想说什么就说什么，叫满嘴跑火车；

不观察对方反应态度，自己在那里滔滔不绝，叫睁着眼睛说瞎话；

不该说话的时候口若悬河，是没有眼色；该说话的时候一句不说，叫不懂世故。

在人际交往中，完全无视别人的处境、态度、心理感受，自己觉得这话有趣，就一直说，挺烦人的。

在与人交谈中，根据处世原则，起码在这三个方面，我们是必须斟酌的：

对方的以往经历和生活状况

举个例子：比如有人自幼父母双亡，你在他面前大谈亲情，这礼貌吗？

生活经历不同，会造成心态的敏感点不同，这一点务必要有个大致了解，以免善意满满，人前失言。

对方当时的心境特征

走哇，去看《花好月圆》啊！

失恋中

不客气地说，这种人是缺少社会毒打的。

俗话说，人好水也甜，花好月也圆。人家心情好时，你说错话也许都不与你计较；人家心情不好时，你言语上有一点差池，听上去都会非常刺耳。

所以说话的时候，你一要了解对方当时的心情，二要仔细观察对方的情绪反应，否则捅了马蜂窝自己还蒙在鼓里呢。

适当注意一下忌讳

这个很好理解。比如：用餐时不要说"去方便"，要说"去一下洗手间"；有无子女夫妻在场，不要谈幼儿教育问题；有人被炒了鱿鱼，就不要谈职场上得意的事情……

总之，就是不要哪壶不开提哪壶，以免大煞风景。

Chapter 6 | 巧妙说"不"，
掌握住分寸与尺度 | 第
6
章

老好人，其实一点不讨喜

你以为竭尽全力做个好人，通过委屈自己，就能够达到取悦别人的目的，并以此换回一段被认可的关系？你想错了！

人们与那些因为害怕做错事、不想得罪人，而不敢说出自己真实想法、缺乏明确立场的老好人打交道时，是深感疲惫而且不安的。

为了使自己在关系中感到放松与自在，人们需要确定，对方说"是"就是"是"，说"不是"，就是"不是"。如果在一段关系中，不管对方说什么话，都要暗自揣测他的真实性，这会使人厌倦并且疲惫，一直担心遭到反噬。

既然你是老好人，为什么要尊重你的意见呢

你可能对所有人有求必应，却唯独忽略了内心那个小孩对于自己的要求——求求你，放过我吧！马歇尔·卢森堡说，这种人是一个"友善的死人"。

你在乎别人的感受胜过在乎自己的感受，为了满足别人的需求而牺牲自己的利益，这在人际关系里给别人释放了这样一种信号：她逆来顺受，所以，为什么不牺牲她呢？

老好人在关系中，处于情感劣势地位是必然的，因为在别人眼里，他终究只是一个讨好者罢了。

总是想太多，也总是想要太多

老好人之所以成为老好人，大概因为他们总是相信，只要自己符合别人的期待，别人就会符合自己的期待。

他们往往特别迷信自己的臆测：他希望我这样做吧，我这样做他会开心吧？

但实际上，别人可能压根没有这样想过。

他们愿意满足别人的期待，本质上是因为对别人也有期待：我满足了他的想法，他应该会对我更好吧？

这是在苛刻自己的同时，也对别人有要求，所以老好人经常私下里变得歇斯底里：

事实上良性的关系应该是：你可以对我不满意，我也不必让你满意，我们彼此都不需要为对方的满意负责，相互帮助是情分，不帮助是本分。

职场不愿重用老好人

原因其实很简单：

因为没立场所以缺乏领导力，在需要做出决策或解决冲突时，左摇右摆不能杀伐果断；

因为害怕出错所以做事按部就班，无法给团队注入锐气和创新能力；

在同事以及领导之间，自以为左右逢源地和稀泥，这就让人很讨厌。

不必讨好，也可以让别人喜欢自己

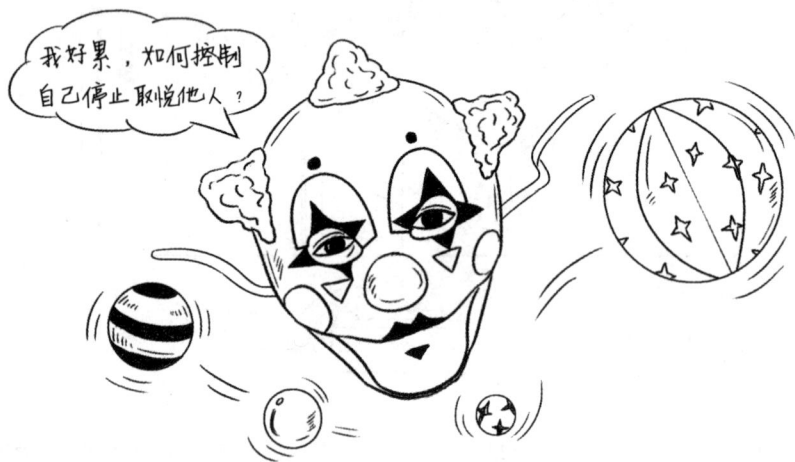

如你所感受到的，试图通过取悦换取认可，表面上看起来是个好主意，但实际上这个行为模式充满伤害，对自己和对别人来说，都是如此。

当然，我们的初衷或许是出于善意的考虑，但在人际关系中，无底线付出会让别人感到愧疚和不安；在爱情中，千方百计讨好对方也不是什么好主意；在工作中，我们隐瞒自己的想法和建议，不会对团队有任何帮助。

事实上，无论你的取悦行为出于什么考虑，你都必须改变这种糟糕的关系状态。

他们和他们不一样

取悦行为常来自年幼时的某些经历，或是失败的家庭教育，使我们学会了将自己的愤怒和主张装进口袋，扬起一张似是而非的小小笑脸，以便得到赞许和夸赞。是的，他们要求我们这样做，我们听话，才会被称为"好孩子"，从那时起，我们被背叛了自己的内心。

但现在我们长大了，有了新的圈子不是吗？我们的朋友，伴侣、同事，大概率和那些童年时要求我们的人是不同的。我们不必再为了获得称赞或避免责罚而去做一个"好孩子"，而且他们也不会因此而生气。

明白吗？带给你伤痕的人，并不能代表所有人，要适时远离他们。

自己的主张，没什么好难为情的

以前我们还小，不知道自己想要表达的内容是好是坏，不知道如何将自己的需求、不满，甚至是痛苦，转化为合适的语言，所以我们常常面临这种状况——

可是我们现在长大了啊！我们有自己的主张，同时也可以将它以友善的方式表达出来；我们能够拒绝自己不想做的事情，并表达歉意，说明理由；我们可以说"你错了"，哪怕出现矛盾也坚持自己的底线，他们反而会意识到这段关系对彼此的重要性。

换句话说，我们不必讨好，也可以让别人重视并喜欢自己。

为什么我们必须学会说"不"

有人说，不懂拒绝，等于慢性自杀，好像是的。

不懂拒绝的人，为了避免冲突，总是将自己限制在一个忐忑的狭隘的空间中：

如果我不按照他的要求做，他还会爱我吗？

如果我不同意他们的要求，他们还会觉得我可爱吗？

然而，没有了尊重，爱又是一种什么东西？

做别人顺从的羔羊，究竟是可爱，还是待宰呢？

当顺从成为一种麻木状态，自我就会被压榨到垂死挣扎，成为别人随心所欲的工具人。

帮着帮着，就成了理所当然

小明第一次找你帮忙，你欣然同意；小明第二次找你帮忙，你表示毫无压力；小明第三次找你帮忙，你犹豫了一下，依旧没有问题，然后第四次、第五次……在第无数次欲拒还休之后，你终于有一次因为不得已的原因拒绝了小明的请求。

是的，有求必应的你仅仅因为迫不得已拒绝对方一次，之前所有的付出就有可能付之东流，他被激起的失望与愤怒前所未有，你的付出从拒绝的那一刻起，变得毫无意义。

这是故事吗？这是现实，也是人性。有人习惯了受人襄助，就会觉得襄助理所当然，便把拒绝视为一种损失，而损失的源头正是你。

忙是你帮的，错也是你的

你是公司里著名的老好人，小红让你帮忙倒垃圾，小强让你帮忙取快递，小明让你帮忙写程序。结果有一次，你在帮小明写程序的时候，因为去帮小红倒垃圾，忙中出错了。

老板很生气，后果很严重，你委屈巴巴地说：

你给人帮忙的时候大家真的不吝啬夸一句你是好人，你帮出毛病真的很少有人愿意与你一起承担责任。说得好听一点，趋利避害是人的本能。

说得难听一点，做错事的终究是你啊！你活该啊……

不患寡而患不均

你帮了小红而无法再帮助小明，小明会生气，但你并没有能力帮助所有人，小明却会理解成：在你眼里，小红比他重要。

小明耿耿于怀，甚至造谣你与小红关系非同一般。

人们并不会因为无人帮扶而产生仇恨，至多是叫苦连天碎碎念，但如果周边的人得到襄助而自己却没有，就会眼红、羡慕、嫉妒、恨。

孔子曰：不患寡而患不均！

我终于明白
不能再沉默，
要勇敢的
"说不"

巧妙说"不"，你只需要掌握这几点

  如果你总是怕得罪人，什么事情都推辞不掉，最后你要么被人际关系的沼泽拉进无底洞，要么得罪所有人。

  就好比这个"砍一刀"，利用的就是人情世故中"不好拒绝"的弱点。你本来对此毫无兴趣，但还是迫不得已一次次点开链接，甚至还要下载软件，强行忍受推销广告对你的一次次轰炸。

  然后，别人一声"谢谢"，就把你打发了，下次他还找你"砍一刀"，然后有越来越多的人找你"砍一刀"。你怕得罪人，别人可不怕麻烦你。

　　人情世故讲究你来我往，单方面的付出只会造成你弱他强的不良关系。你完全可以为自己的利益合理说"不"，并且技巧性地不得罪人。

倾听是拒绝的前提

　　请求者有时的确是事出无奈迫不得已，对方也许此时正心情紧张、尴尬沮丧，所以不要急着一口回绝，耐心而且认真地听他把话说完，这首先是一种认同和尊重。

　　听对方把请求、难处说完，先说一些能够引发情感共鸣的话，然后把自己的实际情况告诉他，给出一个正当、可信的理由，通情达理的人是能够理解的。

委婉风趣是化解尴尬的办法

有趣的灵魂总是让人发不出脾气，幽默风趣、委婉含蓄地表明立场，大家在哈哈一笑中便化解了尴尬，你考虑了他的情绪，他也不会记恨你。

过于委婉适得其反

委婉用在心灵通透、通情达理的人身上，一点就透；委婉若是用在精致利己、死缠烂打的人身上，不仅起不到作用，对方还会明知故不懂，看你抹不开面，变本加厉。

所以委婉因人而异，有些人还是要态度鲜明才奏效。

不做软柿子，才是职场该有的觉悟

瞅什么瞅，捏的就是你！

你是一只软柿子，所以人见人捏，不是别人欺人太甚，是因为软柿子就是用来捏的。

别人以什么样的态度和方式对待你，是因为你告诉他这样做可以。任何人第一次难为你，其实他本质上是在试探，试探你是否有底线。而第二次，则是他有意做的选择。

——先试探你软不软，再试探你有多软，你越软我捏得越肆无忌惮。

为什么不捏硬柿子？因为不敢。

忍一时风起云涌，退一步骇浪滔天

你把格局打开了，耐着性子一再包容忍让，在利己者眼里绝不会是善良，而是软弱可欺。你一旦被他们定性，这个认知就很难调整过来。

所以忍一时变本加厉，退一步得寸进尺。

这时你需要的是：杀伐果断。

有人越界了，第一次提醒，第二次警告，第三次发飙，把自己的底线和原则钉在那里，要让所有人都知道，在我面前什么话不能说，什么事情不能做。

你强硬了，别人反而对你更恭敬。

我是"牧马人"，不能总去"放羊"吧

同事的工作没有做好，上司让你料理后事，一而再再而三，这个局面什么时候能够终结？

大家抬头不见低头见，偶尔料理一下，权当举手之劳，这没什么。

经常料理，麻烦了，你成了"清洁工"，别人一出问题上司就把你叫来干"脏"活，没完没了，还觉得理所当然。

当然，上司安排工作，你拒绝得态度鲜明立场强硬，也不妥，在领导看来，这是工作态度有问题。

但你可以对上司说，我还有一些工作没处理完，我去帮他"放羊"，也请您安排一个人帮我"牧马"。这道选择题，就留给他们吧。

Chapter 7 | 委婉表达， | 第
　　　　　　情商高就是不冒犯 | 7
　　　　　　　　　　　　　　 | 章

说话很扎心，必将得罪人

有时候明明是想提醒，结果一开口就变成了批评；有时候明明是想表达关心，结果说出的话却很扎心；有时候明明是在谦让，结果却让对方很受伤；有时候明明是想要抱抱，可是话一出口却很暴躁。

凡此种种极伤感情，你却振振有词：我就是一个很直接的人，我不会拐弯抹角。

性格直爽没有问题，但性格直爽不等于可以夹带攻击！它更不应该成为你"过失伤人"的辩理。

如果你说话总是让周围的人愤怒，那么很显然，你该改改自己的表达方式了。

喜怒厌好不形于色

把自己的情绪带到言语之中，或者有了情绪就肆意迁怒于人，这都是非常低智的，得罪朋友还是小事，被心眼小的人记恨上就麻烦了。

所以说，说话的时候，一定不要让祸从口出，开口之前一定要好好想想：我的措辞有没有不合适的地方，这句话说出去会不会让在场的某人过敏。

挑毛病的话不说

不管是谁，都不爱被别人挑毛病，亲爸亲妈也不行。尤其是那种直来直去不加修饰的"指点"，更是让人觉得：

戏可真多，你家买海景房了是吗？

有的人很会挑毛病，找问题。
却不拿出解决方案，不给建议和解决方法。
跟这种人打交道，很难受……

记住，即便你是好心，也不要一遍又一遍指点或提醒，因为说一次两次叫规劝，继续说，叫"我强迫你这样做"。而且，你永远也叫不醒一个装睡的人。

善意提醒的话绕个弯说

矛盾一发不可收拾：你前女友腿长，你让她陪你去吧！

如果丈夫能够换个说话方式呢？——这条裙子不错，你穿在身上很好看，可是我觉得你穿修身牛仔裤更显身材。这样的结局皆大欢喜！

即便再亲密的关系，也不要什么话都直来直去，尤其是你在表达指正性含义时，直来直去总带着一种审视的意味。

过分的劝说，近乎刻薄

　　每个人身上都有些毛病，或者会做错些事情，你觉得站在亲密关系的角度，自己有规劝的义务，你的初衷没有问题，可是如果分寸拿捏不好，对方就会不高兴。

　　因为规劝的另一个名字叫，否定。

　　强势而且刚直的规劝，意味着：你是不对的，你需要按照我的说法去做。

　　用对方的视角来看，你这叫说话刻薄。

"你不对"，会制造对立

这样的话等于是说：我要纠正你的愚蠢思维，防止你在错误的道路上越走越远。

这是规劝，还是挑衅？这样的话你一说出来，对方情绪就已经被点燃，就算你是一片好心，对方也完全感受不到。

要教对方东西，不要让自己的姿态像人生导师一样，要说得好像对方不是不知道，早知道，但一时疏忽了。

让对方说：是的

规劝别人，别上来就指点你认为不对的地方，应该先把重点放在彼此都认同的地方，着重强调，我们的愿望是一致的——为了美好，只是可能在方式上有所不同。

如果我们一开始就能考虑对方"错误"的初衷，在第一句话上下功夫，引导对方说"是的"，对方就很难出现强烈的抗拒情绪。

表现出设身处地和感同身受，让对方感受到，你是真的为他着想

什么叫人情世故？就是始终建立信任和共情的气氛。

情商高的人在劝说别人时，往往能够将自己适当代入情境中，使对方觉得：他一直站在我这边，他是真心为我着想的。

有了这个尊重和共情的态度，对方接受劝说的概率就会暴涨很多。

有时候，看似兜了一个圈子，实际上正是不伤情感的捷径。

对上司提建议，主打一个含蓄

嘉靖皇帝迷信长生不老，整日炼丹修道，长期不上早朝，搞得朝政慌乱。

耿直的海瑞实在看不下去了，写了一份《治安疏》，劝说皇帝，言辞非常犀利：嘉靖嘉靖，家家干净，从你当皇帝以后，老百姓都穷疯了，天下人早就看你不顺眼了！你还自觉挺不错呢？

当时，要不是海瑞有一帮好同事极力为他与皇帝周旋，这人世间大概就不会留下"海青天"的传说了。

对上司提建议，我们尤其应该注意弹性沟通，因为你不是海瑞，不会有那么多同僚为你仗义执言、极力周旋，而且，你的上司也不是顾忌天下人如何评价自己的明朝皇帝。

要知道给上司留面子

俗人都要面子，上司也要面子，所以有必要提醒的时候，一定要注意时间，选上司不太忙而且看上去心情不错的时候；一定要注意场合，千万不要当众反驳；一定要注意方式，能够委婉尽量委婉。这几点若是把握不好，后果你自己琢磨。

可进言而不争论

本杰明·富兰克林

如果你争辩、发怒、驳斥，
你有时会胜利，
但这是空欢喜，
因为你将再也得不到
对方的善意。

　　与上司的争论，你论输了，就是输了，山重水复已无路，柳暗花谢再无春；你论赢了，也是输了，一上高城万里愁，山雨欲来风满楼。

　　你能吵赢上司，是你的能耐，你把他的错误决策掰正，确凿证明他的昏庸，然而，他还在那个位置上！

不好回答的问话，顾左右而言他

有些话本身就是一个圈套，不管怎样回答都很尴尬，有时候，还会特别危险。比如：商业谈判中的"引蛇出洞"，来自合作伙伴的探听虚实，来自同事的"埋雷挖坑"，以及上司的狐疑追问，等等。

当对方"不怀好意"、热情追问时，为了将和谐美好的局面维持下去，你必须瞬间将话题转移。就好像，孩子在众目睽睽之下吵闹着要贵重玩具，你囊中羞涩尴尬得不知如何是好时，可以转移宝宝的注意力：看！有好大一只鸟。

适当回避转移，切换话题

不想回答、不便回答、不适合回答的问题，有时候根本不用纠结怎么回答，直接跳过去，谈下一话题。只要你的新话题有诱导性、有吸引力，或者戳中对方心中的刺激点，对方大概率会顺着你的思路漂移。比如：

小丽："小红，你说咱们主管是不是太刻薄了？"

小红："听说行政部新来的同事是个帅哥哇，长得像霆锋，走，一起看看去。"

小丽："同去，同去！"

如果必须回答，宽泛式含糊法

如果必须回答又没法回答，就向对方表示，"我也不知道"。我不得罪你，但我要让自己全身而退。这是纯无效回答。那么，特定的场合必须做出有效回答，又该怎么办呢？

好事者：马拉多纳，请问那个球到底是头球还是手球？

马拉多纳：手球的一半是迪戈的，头球的一半是我的。

我已经给出你答案了，但我又什么都没有明说，答案是你自己推测的，与我无关。

就算是安慰人，也要懂规则

有些人安慰别人时喜欢占据上帝视角，以一种看破一切的姿态，自以为非常客观地告诉对方：是你自己没有做好，其实你应该……

你以为自己一番慷慨陈词，对方就会醍醐灌顶，将你视为知己导师？电视剧看多了！

但事实上你正直高尚的做法根本起不到任何安慰作用，因为你把问题引到了他的身上，他的情绪会变得更加恶劣，同时对你产生一种莫名的排斥。

出于人性的考量，我们就算是安慰人，也是应该守规则的。

不要抱着教育的目的去安慰

安慰，首先要表达的是尊重，其次，是能够共情的心理认同，最后，才是体现自己的疏导作用。

所以你的关心，绝不应该以"应该"或"不应该"的教育者姿态表达出来。

对于寻求安慰的人而言，有时候你讲再多的正确道理，都抵不上开局的一个抱抱。

因为他只是希望你能够感同身受，帮助他把恶劣情绪以一种合适的方式释放出来，而不是请你来教育和把控自己。

别把自己当成救世主

安慰别人的时候，永远不要摆出一副"我是救世主"的姿态，试图用自己的同情和怜悯来安抚对方的情绪，这种操作让人很不舒服，因为它伤害了对方的自尊心。

人处在极度痛苦之中的时候，任何人都没有办法将其剥离出来，这种痛苦需要他慢慢释怀。而我们要做的只是，在对方需要的时候予以陪伴、认同，帮他合理发泄，让他知道自己不孤独，这就够了。

Chapter 8 | 非常礼仪，
被隐藏的社交忌讳 | 第8章

宁落一群，勿落一人

　　春秋时期，宋国和郑国打仗。宋军元帅华元在决战之前做了一次军事慰问——请大家喝羊汤，以羊汤鼓舞士气，为国家奋勇杀敌，建功立业。

　　结果这羊汤分着分着，华元的车夫羊斟没有分到，华元也没有当回事。羊斟很不开心：凭什么啊！车夫地位就卑微吗？车夫就该遭受不公正待遇吗？车夫就不要面子的吗？

　　然后就发生了开头的一幕，羊斟载着华元直接冲进了郑军大阵，宋军主帅一开局就成了战俘，部队全线崩溃——小样，让你看不起我！

　　这件事发生在两千多年前，从此人们就明白了一个社交潜规则——宁落一群，勿落一人。

要么不请，要么全请

你做生意赚钱了，想回馈一下亲朋好友。这时记住：要么全请，雨露均沾，皆大欢喜；要么全不请，一视同仁，不偏不倚。

要是你粗心大意请了别人，落了一人，怎么办呢？

这时你必须设法找一个合适的理由，让对方相信，你单独请他是有原因的，这样既弥补了之前的缺漏，又维系了彼此的关系。

要么不分，要么全分

逢年过节，亲朋聚会，你给大家准备了一点礼物聊表心意，一定要尽量多准备一些，因为，这种场合，很可能会有你意料之外的人出现。

大家都有了，就他没有？场面极度尴尬。把准备给别人的礼物先挪给他？就算你事先和那人讲明情况，对方嘴上说没事，心里多少也会有些不舒服。

如果真遇到这种尴尬场面怎么办？马上找到和你关系最好的那个人，拉到一边悄悄说：

你和我还客气什么啊。

我给你准备了一份特别的礼物，不好当众拿出来，晚点你去我家。

春风化雨，尴尬转眼成了惊喜。

类似的情景还包括分烟、分名片、分食品等等。

总之，永远记得，宁可落下一群人，也不要落一人。尤其是众目睽睽之下，如果就剩一个人没有，那么你一定要想办法让他有，并且要合情合理地把场面给圆过去。否则，对方就会觉得你是故意针对他。

如果这个人小肚鸡肠，或者修养不够，那么——

另外，就算有人与你有矛盾，也不要当众冷落使人难堪，因为后果你难以想象。

木秀于林，风必摧之

有一种情绪无处不在，比嫉妒还要复杂化一些。古人说：忠直之迕于主，独立之负于俗，理势然也。故木秀于林，风必摧之；堆出于岸，流必湍之；行高于人，众必非之。

什么意思呢？

言行刚直就易下犯众，特立独行易为世俗所不容。

一个人在圈子里处处拔高，占尽风头，大家或多或少都有点不舒服。

你这么优秀，是不是表示我们都很愚钝啊？

　　《菜根谭》中有一句话值得三思："聪明人宜敛藏，而反炫耀，是聪明而愚懵其病矣，如何不败？"聪明人应该懂得掩藏自己的才智，要是恨不得把"聪明"二字贴在脑门上，那是一种病，人称"大聪明"，这种人哪有不衰败的道理。

变了味的帮助，其实是一种羞辱

　　小时候两个叔叔家里条件不好，大姑条件不错，就时常接济两个窘迫的弟弟。然而两个婶子和堂妹却时常在背后说大姑坏话，好像大姑得罪了她们似的。

　　我们家穷，没什么能帮忙的，她们反而跟我们家关系挺好。

　　长大以后我才明白，大姑是真的心疼两个弟弟，然而她每次帮了人家以后，都要居高临下、恨铁不成钢地教育一番：怎么这么不争气呢？要争气啊！

一次又一次，彻底伤了叔叔们一家的尊严。

帮助别人，不要以施主自居

助人是一种情义，不帮也没有问题，但不要帮了别人，就点燃了自己的优越感，把自己放在施主的位置上，一举一动都带着"上位者"的意味，并试图让别人一次次当众表达感激之情。比如：

变了味的帮助，其实是一种侮辱。

帮助应是一种善意，不是贬低别人的资本

　　帮了别人一点小忙，马上弄得人尽皆知，生怕别人不知道似的，这是将别人的窘态当众摆出来做展览，帮了人反而不落好，别说对你感恩戴德，更可能是因惠生恨。

　　要是受助的人时来运转，施恩者便扬言：要是没有我，他哪有今天？

　　所以不要给自己制造感动，你不恰当的善行，对别人来说是极大的侮辱与负担。

强出头反而惹人生怨

小明，我手里有个一准赚钱的项目，缺 50 万，你投点，一起赚怎么样？

这个……我想想……不就 50 万嘛！

有人请你帮忙，你并无把握应承，却碍于情面左右为难，为了脸面逞强，最后咬着牙一口答应下来。

然而，一个人的能力再强，也有做不到的事情，更何况还有种种客观因素制约，心想未必就能事成。

你满口答应的时候皆大欢喜，做不到的时候情况就会大相径庭。

没有金刚钻，强揽瓷器活，就是不守信

　　做不到的事情就不要轻易承诺，答应了做不到，这比不答应的后果恶劣很多。如果你再找各种借口搪塞，那就更让人看不起了。

　　迎接你的不只是尴尬，还有信任的丧失，失望的情绪，以及强烈的猜测与质疑：

　　这家伙故意的吧！做不到你别答应啊，我可以再找别人想办法！就因为你信誓旦旦一句话，我浪费的精力与时间，丢掉的面子以及承受的损失，你能帮我挽救回来吗！

　　于是，你被列为了朋友眼中的失信人。

进退两难的事情，拖一拖

有些事情，对方着实不靠谱，这个忙你一旦帮了，落不到好处不说，还可能要自己承受经济、名誉，甚至是刑罚上的损失。

所以当有人托你办风险很大的事情时，即使允诺会给你丰厚的回报，也应三思而后行，如果一时不知如何拒绝，那就拖一拖——"让我再考虑考虑"。

你考虑来考虑去，对方等不及，自然就找别人去了。这样做虽然也会惹别人不高兴，但绝谈不上记恨，于己而言，也没什么损失。

解释"过错"，就是在对抗批评

上位者因为处于主导地位，因此会有让人不太舒服的本能，比如爱教训人，因为教训人能产生良好的掌控感。

那么如果被教训者不乖巧听训，非要为自己辩解，会出现怎样的情况呢？

还记得自己小时候经常挨打是因为什么吗？如果没记住，可能还是因为妈妈打得轻。

解释，就是对权威的藐视

喜欢教训人的上位者，多数会令人心生反感，但完全没有必要纠结孰是孰非，谁对谁错，非要去解释个清楚，你解释的潜意词是什么？上位者不能明断，是他错了？

本来你没有或者只是有一点小错，如此一来，就变成大错特错了。

他想刷存在感，就让他刷，毕竟上司和其他上位者，他们能有什么针对你的坏心思呢。

有错就要认，挨骂要立正

有时的确是你的失误，当然你也只是无心之失，你心中已然自责愧疚，不太好受。

这时上位者又揪着问题不放，从表象到本质、从损失到影响、从现在到未来，为你分析得细致入微，头头是道。这感觉就好像——

这个时候你要知错认错，表现出入心聆听、积极改正的态度来，毕竟知错能改，就还有机会成为好同志。其实有时上位者的确是一片好心，只是出于习惯，以教训来规劝，这也是对你的一种关心和爱护，如果上位者懒得理你，把你晾到一边，那才可怕。

Chapter 9 | 亲情痛点，| 第
　　　　　　冷漠是怎样造成的 | 9
　　　　　　　　　　　　　　　章

亲情远与近，关键要看来往勤不勤

唐僧师徒四人路过火云洞管辖范围，唐长老又被抓了。孙大圣得知红孩儿身份以后，大笑：那是我亲戚，他爸爸是我结拜大哥，看我这就去把师父领回来。

沙和尚提醒道："哥啊，三年不上门，当亲也不亲。你五六百年没走动了，平时也没个礼尚往来，人家能认你这门亲吗？"

显然，沙和尚是懂人情世故的。然而孙大圣依然执迷不悟："我也不指望去他家喝酒吃席，就这层关系，领回个人还有什么问题？"

结果呢？找亲戚要情面不成，还险些变成"烤全猴"。

是亲不是亲，远亲不如邻

《增广贤文》说"是亲不是亲，非亲却是亲"。很现实，也很客观，亲情是与生俱来的，但并不是永恒不变的。血缘可以使人很亲近，也更容易让人反目成仇。决定人与人之间亲疏关系的，并不是身上流淌着怎样的血液，而是能不能处出感情。

有时候，你有急迫的事情，请求邻居反而比请求亲戚更可靠。

亲情与所有关系一样，是需要相互维系的

就像很多同学一样，上学时关系再好，一旦毕业，天涯一方，各自奔忙，慢慢也就失了联系，乃至逐渐从彼此的世界中消失。偶尔想起来也是……

亲戚关系也是如此，当初再好的亲友，一旦疏于走动，也会慢慢疏远；一旦没了礼尚往来，亲戚关系也基本上只会剩下一个形式。

所以如果你很在意亲戚，那么就拿出真心与亲戚交往，平时多往来，多维护，就算天各一方，平时打个电话问候一下很难吗？

与亲戚交往，更要保持分寸

与人交往要有分寸与尺度，朋友如是，亲戚亦如是。

很多人在与外人交往的时候，的确能够做到知分寸、守尺度、懂规矩，然而一到了亲戚面前，大概是断不了的血缘让他有恃无恐，又或者碍于情面以为翻不了脸，就放飞自我了。

比如：你工资多少，为什么不谈恋爱，你应该找这样的，不应该找那样的等等。

没有人喜欢别人过度贴近自己的生活，没有界限的关系终究融洽不了。

流言止于智者，隐私不乱打听

流言的出现一定是有人别有用心，比如眼红、揶揄、讽刺、构陷、攻击、设置障碍等等。

而流言传播者，所起到的作用就是助纣为虐、推波助澜。

如果你足够聪明，又很在乎亲情，当亲戚之间流言传播的时候，有人说，躲不过去，就听着，但不要跟着说，也不要乱打听。在你这个点，就让流言终止。

懂得尊重，维护彼此，才能成就良性亲情。

不要因为对方条件好，就觉得应该

他那么有钱，随礼不应该多随一点吗？

他赚那么多，一个人又花不完，接济一下亲戚，为什么不可以呢？

凡此种种，道德绑架罢了。因为平时多受照顾偶尔忘记扶贫而心生怨念，这是乞丐心态。

别人愿意付出，是出于好心，顾念情分，不想付出，也不亏理。如果受助方不但不懂得感恩，反而恨少贪多、得陇望蜀。只会让人敬而远之，保持厌恶。

情感有远近，形式上尽量一视同仁

你给甲亲戚带了精品大红袍，给乙亲戚带的是超市普通茶叶，并且被乙亲戚知道了，那么即使你给乙亲戚送了礼物，乙亲戚也会对你有不满。

你给甲亲戚随礼随了500元，给乙亲戚随了1000元，虽然都随了礼，然而高下立判，你已经摆明了亲疏。

所以说如果血缘关系相近，就尽量保持一视同仁，别因厚此薄彼引发矛盾。

平时不烧香，临时抱佛脚

  有的亲戚不如朋友，是因为缺少交流，平时不走动的亲戚，这份亲情也很难延续。

  俗话说，穷在闹市无人问，富在深山有远亲。

  现实如此，人也活得越来越现实，人情往来是相互的，相互关怀，关系才能走得更远。

平时不相问，有事别登门

小明读大学时，家里有个表叔正好在学校任教，爸爸嘱咐他：平时多联络联络你表叔。小明嗤之以鼻：我也不需要他帮忙，为什么要去献殷勤呢？

小明临近毕业的时候，找不到合适的工作……

是亲三分向，但不走也不亲。平时多与亲戚联系，不要六亲不认，说不准哪个亲戚突然飞黄腾达了，人生就多了一条可以选择的路，老话讲，这叫未雨绸缪。

平时不烧香，临时抱佛脚，佛脾气那么好，也是不爱搭理你的。

无事献殷勤，有时才是相处之道

　　小强想要扩充自己农场的面积，实现大规模种植，这个想法非常好，但是他没有钱。小强的表舅倒是很有钱，但是平时基本没有走动，如果第一次登门就求人，那真是挺不知深浅的。

　　于是表舅生病住院——

　　表舅病好以后，他理所当然登门探望；表舅平时喜欢在家喝两口，就拉着小强一起。一来二去，这亲戚关系就特别亲近了。

有一天，两人又一起喝两口，小强愁眉不展，表舅很是关心。小强既为难又尴尬地道出了自己的难处："表舅，我想多承包一点农田，大规模种植是种趋势，可是……"

你想网鱼，是不是要先织好网？同理，你有求于人，也要先把人情铺垫好。

受人惠助，要懂得表达谢意

别人不欠你的，人家好意帮了你，你却不冷不热、不报不谢，他的热脸是缺一个冷屁股吗？

十里路莫问饭，二十里莫问宿

如果你没有钱，就矜持一点，富亲戚家当然也要走动，但不要总去领受别人的好意。

你觉得是情谊，别人可能觉得是施舍。如果关系真的很好，更不应该给别人添麻烦，毕竟一个家庭，有时也会因为帮你闹分歧。

老话讲，穷不走亲戚，不是提醒我们人情冷暖，而是告诫我们人穷志莫短。

换个位置思考一下，如果家里经常来向你求助的亲戚呢？

他人穷，未必志就短，所以不要去触碰别人的尬点。

十里莫问饭

过去交通不便，十里路基本靠步行，为了看门亲戚，称得上一路劳顿，怎么可能不饿呢？所以若有亲朋远途而来，直接提前准备好迎客餐就是了。

你问人吃没吃，让别人怎么回答？

你问饭的潜台词好像是：我可以不给你准备餐食吗？

二十里莫问宿

二十里路，往返就是四十里，这一来一去，天大概就快黑了，农村又山多人少鲜有路灯，应不应该留宿，还用问吗？

你问别人是否留宿，其实向别人表达的意思就是：我不太想你在这里住。

当然，也有这种可能。

那么当穷亲戚时来运转时，咱也最好别登门了。

穷者不应嫌，富者不必谄

山上两座庙，庙里两尊神，一尊武财神，一尊土地仙，一个香火旺盛，一个门庭冷清。

多数人都会去礼拜武财神，因为相对而言，武财神的能力更神通，受众更广泛。然而武财神的大庙里每日香客盈门，络绎不绝，他有什么理由独独垂青你呢？除非你的贡献也别具一格。

土地仙庙小人稀，或许许久不见一位香客，只要你去了，他就会对你印象深刻。若他日土地仙时来运转，高升了，想一想，会是什么结果？

为冷灶添火，给冷庙烧香

你的亲戚之中，有没有志向高远才华横溢，然而命运坎坷穷困潦倒的人？如果有，这个亲戚出于血缘关系，也应该对他好一点，能帮则帮，务求回报。

所谓"赠人玫瑰，手留余香"，虽然今时今日看着是你在周全他，然而这样的人一旦遇到机会就会否极泰来，到那时，他自然会成全你。

锦上添花，不如雪中送炭

雪中送炭

洪应明在《菜根谭》中说："千金难结一时之欢，一饭竟致终身之感。盖爱重反为仇，薄极翻成喜也。"

富朋友，你给人送去千金，也未必能够打动人心，他甚至会觉得你别有用心。

穷朋友，他受尽冷眼的时候，你把他请上厅上，端端正正有礼有节地吃顿饭，他也会铭记你的不弃之恩。

做人不谄富，不嫌贫，也是一种美德。

Chapter 10

方圆之间，
安全社交的底层逻辑

第
10
章

所谓方圆，谁和你相处都舒服

做人不能太刚，太刚则易折，四处碰壁，头破血流；

做人也不能太柔，太柔则受欺，逆来顺受、吃尽苦头。

孔子说："中庸之为德也。"中庸不仅是一种智慧，也是一种道德，对自己，对别人，都恰到好处。

那么，什么是中庸？为人既要品性中正，又要讲究策略，方中有圆，圆中有方，刚中有柔，柔中带刚，主打一个因事制宜，让任何人和你相处，心中都舒服。

这是安身立命、有所作为的本事。

处治世易方

方，是三观正确，内心正直，有原则，有底线。

做人应方，但也要看清楚状况。如果是可以影响你前途甚至命运的那些人，具备李世民、赵匡胤一样的特质，那么刚正直爽一点也无妨。

我们立身处世，应该以公道、正义为前提，不行谄媚之事，不苟且，不算计，不卑躬屈膝。义当如何便如何。但同时在这个框架内，也不呆滞古板，死守规矩。

既心中有是非，行事有对策，以方为骨，以圆为表，做堂堂正正的事情。

强君下易圆

圆不是油头滑脑、油腔滑调、两面三刀，而是居中守正，左右逢源、八面圆通。

也就是看得清状况，识得了时务，守得住底线，待人随和，面面俱到。

如果可以影响你前途甚至是命运的那些人，性格比较刚愎，如同秦王嬴政、汉帝刘彻，那么还是把自己的刚正不阿收敛一下为好。

你有什么想法或建议，想指正什么问题或道理，切不可直言不讳，当面打脸、直接拆台，私下里委婉一点，聪明人听得懂，也会明白你的良苦用心。

明知故昧，远离是是非非

难得糊涂

聪明难，糊涂尤难，由聪明而转入糊涂更难。
放一着退一步，当下安心，非图后来报也。

人生是一个复杂的过程，需要足够的智慧来应对和权衡，以避免马失前蹄，堕入深坑。

聪明诚然是天赋的智慧，这无可否认。然而，过于聪明并不总是好事。

有时候，过分的聪明反而不能成为突破桎梏的利器，却成了阻碍人生发展的桎梏。

人贵在能集聪明与钝感于一身，随机应变，在适当的时候表现得聪明，在需要的时候则知道怎样去糊涂。

记性别太好，小事不计较

**善忘是一种足够的格局，
也是这世间极好的养生。**

我这辈子最大的运气，就是记性不好。

记忆是馈赠，也是惩罚。

心中有智慧的人，知道选择性记忆，不把心情和精力糟践在鸡毛蒜皮、家长里短、勾心斗角的琐事上，所以他们有更多的精力开发自己的能力，容易获得成功，也更易获得快乐和健康。

心胸狭窄的人斤斤计较、睚眦必报，记忆在这时就变成了一种自我惩罚。

小事因而变成了矛盾，关系反而成了障碍，他们缺的是不在意的功夫。

能装聋时就装聋，可作哑时就作哑

> 耳朵，装聋，才会清净；
> 嘴巴，作哑，才不惹祸。

有些人爱刷存在感，无论你做什么他都能设法挑出点毛病，你与他辩驳，反而成全了他的自我满足。倘若恶语相向，自己的段位和形象，一下子就被拉低了。

与其听了让自己生气，不如干脆就当没听见，更不必去在意。

有些事根本无须争辩，因为争辩没有输赢，就算你吵赢了，形象和关系也一同毁了。

有些理不一定要争，得理也应让三分，公道自在人心，自己心里明白就好。

讷言敏行，安身之道

什么是明知故昧？就是拿出糊涂的样子给别人看，把心中的清醒留给自己。

糊涂给别人看，用现在流行的话说就是"钝感力"，把自己的一部分隐藏起来，以免因为种种原因引来不必要的麻烦。

为什么职场上显得迟钝但努力的人更容易获得重用？你细品。

把清醒留给自己，就是始终让自己的心中保持一份清醒和警觉，以谨慎且大智若愚的功夫，应对复杂的人际关系和变化无常的局势。

关系再好，这样的忙也不能帮

交友的目的之一是为了抱团取暖，当然，也是为了自己的精神世界多一份欢喜欣然。

朋友有难，尽力支援，这是维系一段关系的基础，但也应心中清明，再好的关系，也不是什么忙都能帮的。

有些事情，朋友尽力而为，或许能够迎刃而解，但若解决不了，也应该自己承担所有。朋友一片好心仗义出手，倘若力不能及出了问题，对彼此来说，都是不愉快的。所以关系再好，有些忙也不能帮。

担保有风险，承诺需谨慎

急人之难雪中送炭，这是人情世故中的稀有品德，需要提倡。

但做"及时雨"也要考虑自己的体量，以及其中的风险自己是否有能力承担。

给人做担保，一旦发生债务纠纷，损失绝不是几百几千元的事情。

即便朋友并非故意失信，但掺杂了债务纠纷在里面，朋友关系也就没有了回暖的可能。

对不起，我还没学会做媒人

把自己的好朋友介绍给另外一位好朋友，希望彼此的关系亲上加亲，其乐融融。

可万一他们不合呢？

你心是火热的，但人心是复杂的，情感这种事情从来就很麻烦，清官难断家务事，何况你还没有清官的威严。

然而人是你介绍的，红线是你牵的，这段感情出了什么问题，你都难逃干系。

哎哟喂，你太看得起我了

有些人的求助，并非自己办不到，而是把别人当成自动取款机和智能机器人来驱使，并且觉得理所当然，不用回馈与感激。

这样的人，你的善意他当好欺，你的真心他当儿戏，就像一口填不满的深井，你越帮他，他越恨不得将你吞噬。

这样的人，别管什么关系，敬而远之吧。

办公室，就是一个高手云集的江湖

人与人之间最和谐的相处模式，就是彼此之间完全摒弃了竞争与利益纠葛。

显而易见，办公室并不是这样的世外桃源，上司与同事，也无法与你达成这样圆满的关系。

人在职场，难免会出现许许多多始料不及的事情，人太多，关系自然复杂，每个人都有自己的目标与想法，"卷"是必然的。

应对江湖事，成了每一位职场人必须具备的本事——别人怎样出招，你该怎样接招，这可比下象棋复杂得多了。

如何不做那只羊

错不是自己的，或者只有很少一部分是自己，大部分责任却要由自己背负，故名，"替羊羊"。

"替羊羊"们属实有点悲惨，然而一点也不冤，谁让它不懂得职场人情世故呢。

摆脱"替羊羊"的命运其实也很简单：做好自己的分内事，不马虎；少包揽别人的事情，不冒险；做事有例可查、有根有据，即使犯错，也能解释得过去。

会说话，也要尽量少说话

办公室可以谈工作，也可以谈私事，但不要讲错话。

所谓不讲错话，就是要我们掌握说话的分寸，避免祸从口出。比如：

办公室里不要谈论隐私和是非，谁是"包打听"，谁的人际关系肯定不会好；

办公室里最好别争论，不管你有没有理，都会破坏团队的安定团结，领导一定不喜欢；

办公室里别吐苦水、谈心事，比如失恋或者其他感情，因为你刚说完，就会全室皆知；

办公室里别炫耀，譬如签了大单、拿了奖金，有人羡慕，也一定有人嫉妒、恨。

如何避开有可能绊你一脚的人

有些人品德着实难以恭维，似乎他们人生的意义就是专注于无中生有、挑拨离间、搬弄是非、两面三刀、为虎作伥、落井下石，墙倒加推。

你固然对此很厌恶，但你切不可把这种厌恶摆在脸上，义正词严地表达出来。

因为记仇和不择手段是他们的特质，无良以及没有底线是他们的常规操作。

所以若是君子与小人正面交火，最后满盘皆输的往往是君子。

所以若是不能压缩他们的生存空间，就务必要学会与他们和平共处，这也是避免被他们下绊子的有效方法。

不远不近，不得罪

与品德不好的人相处，不要关系太近，关系太近麻烦上身；也不要故意疏远，故意疏远，他敏感的神经会认作是侮辱，更麻烦。

不要在言语上冲撞他们，他们通常非常敏感，对别人的言语和行为极其执着和在意，因此尽量别说可能让他们感到不舒服的话，即使你有口无心，他们也会觉得是在含沙射影。

无关紧要的事情不要和他们形成对峙局面，你也许很英雄地主持了"正义"，然而你也要承受这种行为给自己带来的负面效应。

不违背原则，可以吃些小亏

是这样的吗？

在这个地方，吃亏是福。

　　如果他行事时无心牵连到了你，你吃了些小亏，这个时候不要热血上头去找他理论和争吵。因为此时他对你可能还没有针对性，如果有了针对性，那就麻烦了。

　　如果你有把握通过沟通解决这一问题，可以尝试与对方进行私下沟通，但务必注意自己的语气与态度，避免祸从口出。

　　不要在利益上与他产生纠葛或冲突，这种人通常会为了自己的利益不择手段，倘若你不想成为被别人处处针对的对象，最好尽量避免直接竞争或与他们发生利益矛盾。